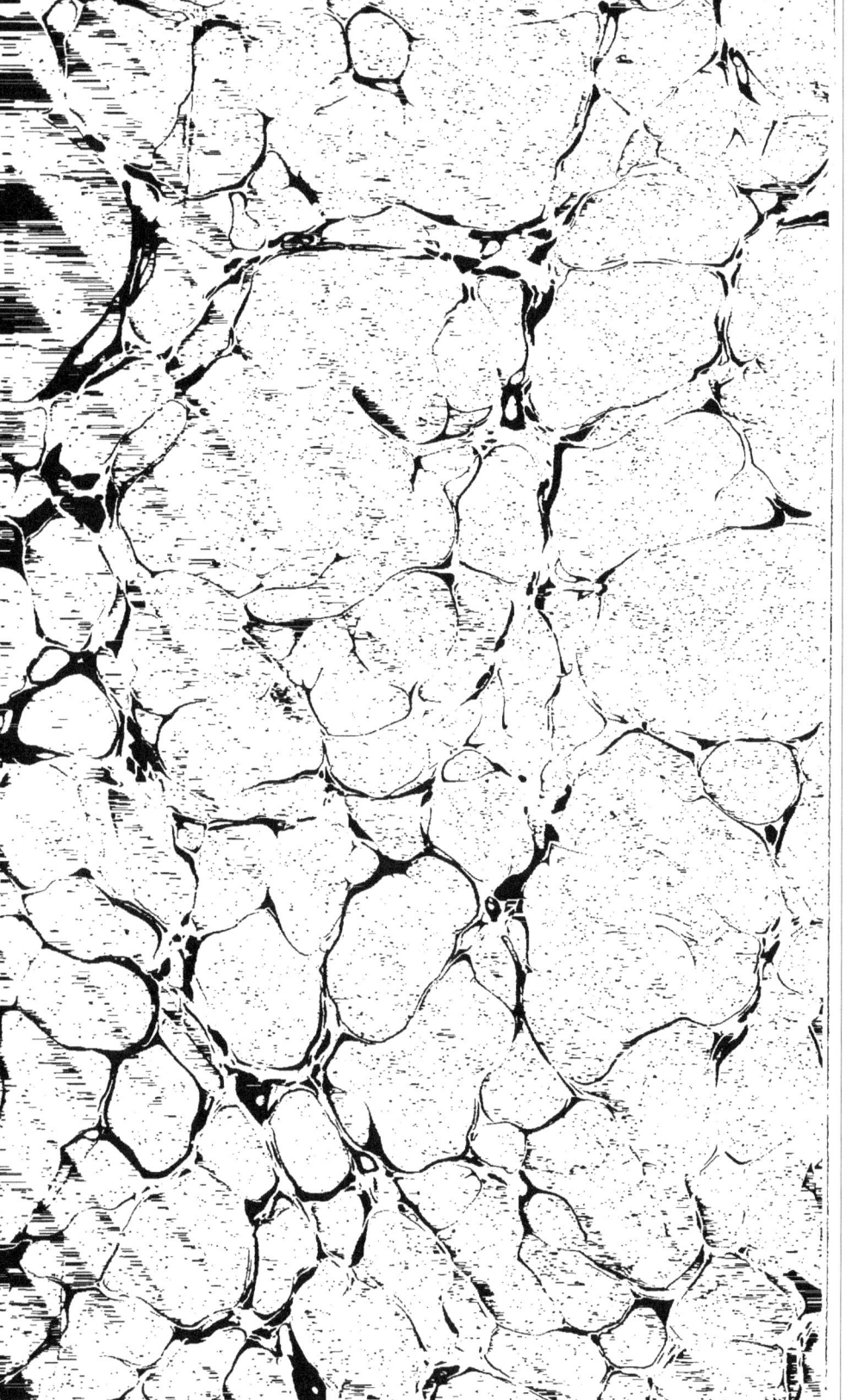

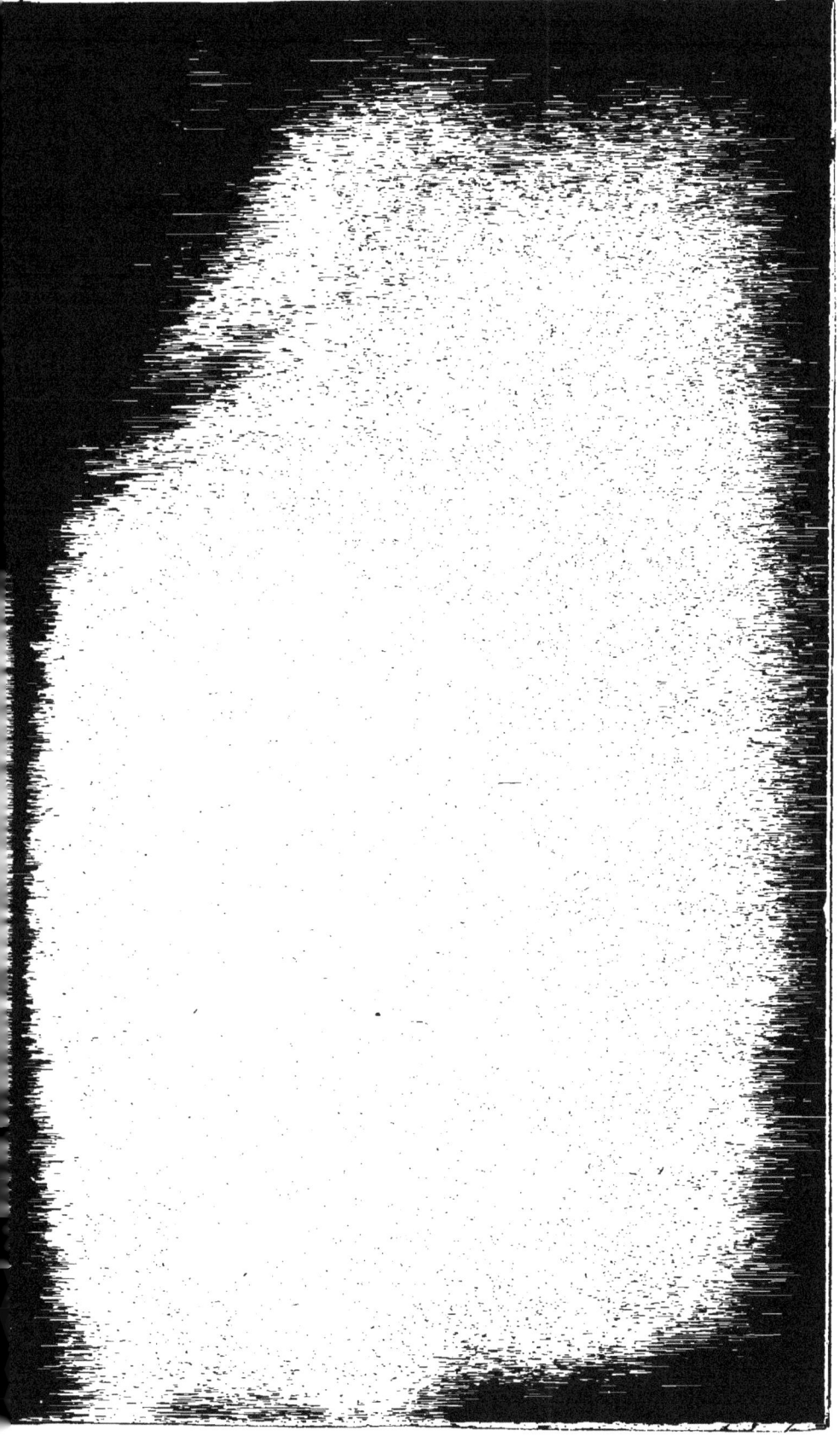

# ÉLOGE FUNÈBRE

DE

# M<sup>GR</sup> GEORGES DARBOY

ARCHEVÊQUE DE PARIS

PRONONCÉ A LA CATHÉDRALE DE NANCY

LE 23 JUIN

PAR

## LE R. P. DIDON

Des Frères Prêcheurs

*Labore fideque.*

PARIS

JOSEPH ALBANEL, LIBRAIRE

15 RUE DE TOURNON 15

—

1871

NANCY. — Imprimerie de VAGNER, rue du Manége, 3.

En publiant ce discours reconstruit à l'aide de notes et de souvenirs, on s'est rendu à des instances bienveillantes, et l'on est heureux d'offrir encore un hommage aux nouveaux martyrs de la Religion et de la Patrie.

Monseigneur (1),

Messieurs,

Il y a trente jours, le vingt-quatre mai, vers huit heures du soir, un mercredi, après sept semaines d'une captivité barbare, dans Paris livré aux horreurs de la guerre civile, Monseigneur Georges Darboy, archevêque de Paris, ancien évêque de Nancy, était fusillé à la prison de la Roquette, par l'ordre inique de ce qui s'appelait la Commune. Il mourait avec plusieurs prêtres, lâchement frappé au cœur par des balles sacriléges ; il mourait en pardonnant et en bénissant ; il mourait victime de la justice, de la liberté et de la foi.

Nous sommes ici, mes frères, pour honorer ce souvenir funèbre et glorieux ; nous sommes ici pour prier autour de cette victime et des compagnons que Dieu lui a donnés afin de l'escorter dans la mort.

(1) Monseigneur Foulon, évêque de Nancy et de Toul.

L'Eglise de Nancy devait un spécial et solennel hommage à celui qui fut, pendant trois années, son premier pasteur, qui honorait de sa haute amitié l'évêque de ce diocèse, et qui laisse au milieu de nous, ennoblie par son sang, une famille en deuil. Pour moi, qui n'ai pu décliner l'honneur d'interpréter devant cet auditoire les sentiments qu'un tel deuil met dans nos âmes, j'essaierai d'accomplir cette tâche difficile avec la délicatesse et la sincérité qui seules donnent du prix à l'éloge, avec la justice que réclame une tombe, avec l'admiration que commande le trépas héroïque d'un martyr.

Si riche que soit une nature d'homme et à quelque dignité qu'on l'élève ; si éclatants qu'aient été les services rendus par elle à la patrie agonisante ou à l'Eglise persécutée ; de quelque auréole que le succès l'aient couronnée; quelque magnifiques enfin qu'aient pu être envers elle les dons de Dieu, il en est un pourtant qui les surpasse, et sans lequel tous les autres ne sont rien, car il les consacre et les résume dans un acte décisif et sans retour : c'est le don d'une mort qui est grande et sainte et qui vient à propos.

N'est-ce pas la mort, en effet, qui scelle et qui

signe le livre inachevé et jusqu'alors anonyme qu'on nomme la vie ? N'est-ce pas la mort qui révèle dans un dernier élan et une suprême explosion les forces cachées de l'âme humaine ? N'est-ce pas elle qui parfois nous réhabilite et nous sauve ? N'est-ce pas elle qui nous baptise de notre vrai nom, qui grave sur le marbre de notre tombeau l'épitaphe de la gloire ou de l'infamie, et qui, fixant à jamais dans nos mains le drapeau pour lequel nous avons vécu et souffert, nous enveloppe immortels dans ses plis, comme en un suaire glorieux ?

Aussi, une des choses qui frappent le plus quand on interroge l'histoire des personnages célèbres, et qu'on étudie leur rôle en ce monde, c'est le caractère providentiel d'une fin toujours en harmonie avec la série des actes qu'elle couronne, ou avec le milieu dans lequel la vie s'est développée.

Jacob mourant sur sa couche patriarcale, environné de ses douze fils; Moïse, sur le mont Nébo; saint Paul, d'un coup d'épée; saint Pierre, sur une croix renversée; saint Jean, dans sa longue et aimante vieillesse; les martyrs, devant le tribunal des proconsuls ou les gradins de l'amphithéâtre, et sous la dent des lions; saint Thomas d'Aquin, sur son lit de cendres, commentant le Cantique des Cantiques; les apôtres, en écrivant avec leur sang généreux le *Credo* qu'ils évangélisaient; les soldats, sur la brèche et à leur poste; Louis XVI, sur l'échafaud; saint Thomas Becket, devant les marches de l'autel dont il avait défendu les droits; Monseigneur Affre, sur une barricade, et tant d'autres, tombés noblement à leur œuvre, prouvent bien comment Dieu veille sur notre heure dernière, et avec quel art il prépare le rite funéraire suivant lequel chaque âme doit sortir de ce monde et faire son avénement dans l'éternité.

Or, Messieurs, ce don de mourir héroïquement et à propos, Dieu, dans sa libéralité, l'a fait au courageux archevêque de Paris. Il a traité cet homme à la façon des plus privilégiés, et il a éclipsé, pour ainsi dire, l'éclat d'une vie à laquelle le travail, le talent et les dignités avaient déjà donné tant de lustre, par les splendeurs d'une mort qui est la plus haute ambition de toutes les grandes âmes.

Pourquoi ? Messieurs, pourquoi ? Je le demande à Celui qui veille sur le moindre des cheveux de notre tête, et qui, souverain de toutes choses, préside au développement harmonique du poème immense où se mêlent, dans une trame savante, la vie de l'homme, la vie plus vaste des peuples et la vie grandiose de tous les mondes rassemblés. Pourquoi a-t-il voulu que le sang d'un archevêque fût encore une fois versé sur ce siége de Paris qui semble avoir fait un pacte avec la mort? Pourquoi a-t-il voulu que ce prélat si favorisé achevât rudement et tout d'un coup sa magnifique carrière? Pourquoi l'a-t-il voulu mettre au nombre des martyrs qui sauveront peut-être la France épuisée et meurtrie? Toute la raison en est-elle dans la munificence de Dieu, et dans cet amour délicat parce qu'il est sans mesure, qui se plaît à des dons de choix? Mais cette munificence elle-même n'a-t-elle pas ses raisons cachées, et alors pourquoi n'essaierions-nous point d'en sonder le mystère plein de consolation tout ensemble et d'austérité?

Je veux le tenter à la gloire de celui dont nous honorons le souvenir. Placé, pour le voir plus grand et le mieux juger, au faîte culminant de son martyre, je chercherai dans sa vie et dans sa nature tout ce qui semblait l'y acheminer ; puis, regardant plus haut et plus loin, interrogeant la France et l'Eglise pour le salut desquelles Georges Darboy et ses compagnons donnèrent leur vie, j'essaierai de voir ce qui, dans la situation générale, semblait et pouvait commander un pareil holocauste.

Dieu ne fait rien qui ne soit harmonieux. L'harmonie, comme la vérité, comme l'ordre, est une forme nécessaire qu'on retrouve empreinte dans toutes ses œuvres et dont notre humaine sagesse, toujours si courte, ne pénètrera jamais les adorables artifices : voilà pourquoi la vie et le tempérament d'un homme peuvent souvent indiquer sa fin et prophétiser sa destinée.

Le premier trait qui frappe, le premier caractère en saillie dans cette nature si richement douée, c'est l'énergie. Elle s'accuse, dès l'adolescence, par une âpreté précoce au travail que rien n'a jamais ni rebutée ni adoucie. Le jeune étudiant qui, trouvant les journées trop courtes, dérobait au sommeil et à la nuit quelques heures pour les donner à ses livres, laissait déjà pressentir le travailleur obstiné qui, plus tard, malgré les devoirs du ministère pastoral et jusque dans le tourbillon des hautes dignités ecclésiastiques, saurait garder inviolables et remplies ses chères heures méditatives. Ce n'était point seulement par le travail que se témoignait son énergie : tout en lui la rendait transparente. Qui a vu cette tête d'un galbe si ferme, aux traits accentués et pourtant délicats, devinait aisément sous un air plein de finesse et aux rides de ce front laborieux, la vigueur qui y avait laissé sa forte empreinte. Le même cachet d'énergie se retrouvait dans l'écrivain, dans ce style net et serré qui aime les formules logiques et qui multiplie les aphorismes dont le privilége est de rendre la pensée plus concise et plus vive, de la ciseler en quelque sorte et de la lancer comme un trait qui, allant plus droit au but, le frappe mieux et pénètre plus avant. Le prêtre n'a pas moins hautement révélé ce caractère fondamental d'énergie et il est impossible de voir se dérouler cette longue vie sacerdotale toujours irréprochable, toujours correcte, sans reconnaitre aussitôt l'âme forte, dont le signe souverain est l'indéfectible ténacité dans le devoir.

Aussi, Messieurs, je ne m'étonne pas qu'une mort de martyr ait couronné cette existence-là. N'est-ce pas la force à outrance qui fait le martyr? N'est-ce pas la patience dont rien n'abat le courage qui tient debout, jusque dans le supplice, les âmes robustes qu'on essaie vainement d'opprimer et de vaincre par la persécution? N'est-il pas beau qu'un travailleur finisse et meure comme il a vécu, dans un de ces efforts renouvelés et suprêmes qui ont honoré sa vie? N'est-il pas beau qu'une âme et un bras énergiques, avant d'être brisés, se signalent une dernière fois dans un trépas qui sied aux fortes natures? Dieu, qui aime à gouverner les êtres selon l'harmonie, à ne point violenter leurs instincts généreux, mais à les respecter plutôt en les développant, devait achever la vie de cet homme en une mort grandement laborieuse. Que d'autres le trouvent sévère et redoutable dans ses décrets, et qu'ils gémissent du meurtre de Monseigneur Darboy; pour moi, je serai plus vrai, voulant être plus chrétien, et je ne craindrai pas d'adorer et de bénir Celui qui a su compléter le lutteur infatigable par le vainqueur sanglant, et élever l'homme du travail opiniâtre à la hauteur du martyr.

C'est le privilége et l'honneur des organisations vigoureuses de subir plus violemment que les autres l'attrait de la perfection et le besoin de leur développement personnel. J'aime ce brave André Chénier et les caractères de la trempe de ce fier poète, qui, au moment d'être conduit à l'échafaud, voyant la mort venir avant qu'il n'eût pu tirer de sa lyre tout ce que son génie pressentait, s'est frappé le front avec désespoir, et s'est écrié : Pourtant, il y avait quelque chose, là !

Georges Darboy était de cette catégorie d'hommes, et il aimait le mot d'André Chénier. Conscient des facultés qu'il avait reçues de Dieu, conscient de

sa mâle énergie, plein de foi dans l'omnipotence du travail, il était de ceux qui ont à cœur de s'élever au plus haut et de faire rendre à leur nature tout ce que leur nature peut donner. C'était sa noble ambition et l'un des traits les plus accusés de cette physionomie où l'observateur découvrait tant de volonté réfléchie et tant de force contenue. Pressée par cet ardent aiguillon, sa vie ne s'est pas un instant démentie dans cette voie grandissante. Personne n'ignore qu'il n'a pas laissé un moment en repos son intelligence active, ni une heure en friche le vaste champ de la science sacerdotale. N'est-ce pas lui qui écrivait à ses prêtres :
« Aimez et recherchez la science; elle sera toujours
» votre plus grande force; car le pouvoir n'appar-
» tient qu'à la supériorité, et la supériorité réelle
» n'est que dans l'intelligence : on ne gouverne que
» ce qu'on domine, et on ne domine que ce qu'on
» connait (1). »

Quant au développement moral de la volonté et à la puissance de se maîtriser soi-même, il en a écrit et parlé maintes fois comme on traite un thème favori, et il s'exprimait alors avec un accent qui révé-

---

(1) Lettre pastorale de Monseigneur Darboy, évêque de Nancy et de Toul, sur la nécessité de l'étude.

lait, à ne pouvoir s'y méprendre, l'expérience intime et l'habitude prolongée qu'il avait des combats et des victoires de la liberté. N'est-ce pas lui qui disait encore : « L'homme grandit dans les luttes morales,
» quand il n'y succombe pas, et il n'y succombe que
» s'il refuse de vaincre. Mais il est vainqueur, quand
» il le veut. Alors chaque difficulté lui donne un
» redoublement d'énergie, et il se fait, à force de
» vouloir, un de ces calmes et puissants courages,
» également prêts au choc et à la résistance, comme
» ces nobles armes rougies au feu de Damas, et qui
» peuvent, sans se rompre, et parer et frapper (1). »

Aussi, Messieurs, est-ce par ce développement sans relâche d'une intelligence supérieure, par sa volonté énergique et maîtresse d'elle-même, par son tact, par les ressources d'une activité dominant la fatigue et toujours prête à briser l'obstacle, qu'il s'est trouvé naturellement désigné à l'attention de ses supérieurs hiérarchiques. C'est là le vrai chemin des dignités et des honneurs de ce monde. On peut le suivre, Messieurs, sans crainte et sans remords, sans fausse ambition même, parce qu'on est sûr de porter toujours sous ces cimes une

(1) Discours prononcé en 1860 au Lycée de Nancy.

âme aussi haute qu'elles. Monseigneur Georges Darboy l'a suivi, et s'y est avancé hardiment d'un pas dont la rapidité n'étonnera point, si l'on songe de quelles formes caressantes et de quelles grâces pleines de séduction cette nature en qui la souplesse ne cédait rien à l'énergie savait revêtir les riches dons qu'elle avait reçus de Dieu.

Son Eminence le cardinal Morlot, dont on ne peut suspecter la droiture, ni mettre en doute la bonté, fut l'instrument humain de la suprême élévation de l'archevêque de Paris; il la lui légua comme par testament ; et Georges Darboy accepta ce lourd héritage, il l'a écrit lui-même « en évêque prêt à » donner sa vie pour l'Eglise, en homme de son » temps et de son pays, plein de confiance en ce » puissant diocèse et résolu à ne méconnaître aucun » droit comme à ne négliger aucun devoir (1). » C'est ainsi que, parvenu au siége métropolitain de la capitale de la France et du monde, placé au centre des affaires politiques et religieuses, touchant d'un côté à Rome et de l'autre à César, ayant l'intelligence de sa situation hors ligne, il semblait occuper le dernier faîte auquel sa nature

(1) Lettre pastorale de Monseigneur l'archevêque de Paris à l'occasion de son arrivée dans son diocèse.

pouvait prétendre et que son désir de religieuse influence pouvait rêver.

Le dernier faite !... Non, Messieurs. Il y a plus haut, il y a plus grand. Au-dessus de l'archevêché de Paris, il y a la Roquette ; au-dessus d'un palais, il y a la prison ; au-dessus d'un trône, il y a la croix ; au-dessus de la vie triomphale, il y a le martyre. Et Dieu qui travaille encore mieux que nous au plein épanouissement de notre destinée ; Dieu qui ménage la suave éclosion d'une fleur et qui livre le chêne à l'impétuosité des orages ; Dieu qui endort et fait mourir les êtres innocents dans leur berceau, dresse aussi tout d'un coup, en guise de piédestal, devant l'élu qu'il veut couronner, un échafaud, un gibet, un calvaire.

Ainsi, noble archevêque, il vous faudra, pour grandir, descendre du siége éblouissant d'où vous dominiez tant de choses et vous en aller de prison en prison, comme par un chemin lugubre, jusqu'à la mort. Mais qu'ai-je dit ? descendre... c'est monter qu'il eût fallu dire, car de telles chutes sont les degrés sublimes qui mènent à la gloire des crucifiés. Montez donc. Vous étiez archevêque dans la beauté et dans la gloire du nom, il faudra l'être dans la persécution et dans la geôle ; vous l'étiez devant César,

il faudra l'être devant la Commune; vous l'étiez devant vos fidèles, il faudra l'être devant ce peuple violent et emporté, et devant ces juges bandits. Là, il faudra rester ferme et digne, rehausser par la force d'âme que rien ne peut dompter le caractère divin du prêtre livré à la merci des barbares, de leurs insultes et de leurs outrages. Et après, il faudra, Dieu le veut, gravir une à une, comme des marches glorieuses, les longs jours de la captivité; et après, il faudra répondre à ce tribunal dérisoire qui voudrait traiter un évêque en fonctionnaire public : « Qua-
» rante Communes ne me feraient pas signer
» cette pièce, mon caractère d'évêque est au-dessus
» de vos atteintes; » et après, il faudra voir s'éclipser à vos yeux la figure de ce monde et vivre captif et persécuté, face à face avec ce Christ, dont l'image vous montrait, à travers des souvenirs sacrés de famille, l'idéal émouvant de tous ceux qui aspirent à finir en héros; et après, il vous faudra subir la faim, le froid et les angoisses de la réclusion. Ne vous lassez pas, il faut monter encore : l'heure vient où il faudra mourir, entendre les suprêmes insultes, et se taire. Pourtant, lorsqu'à la dernière heure on parlera, en blasphémant, de la foi et de la liberté, vous retrouverez l'énergie pour les défendre et vous

imposerez silence aux blasphémateurs, en disant : « Ne profanez pas le nom de liberté, c'est à nous qu'il appartient, car nous mourons pour la liberté et pour la foi; » et puis ce sera fini, on vous fusillera, vous serez frappé au cœur et la main qui bénissait sera elle-même brisée.

Maintenant, reposez-vous, vaillante nature, vous avez touché le faîte, et tous vos désirs doivent être comblés. Dieu même ne pourrait, dans la toute-puissance de son génie et de sa bonté, rien faire de plus fort ni de plus beau qu'une âme donnant sa vie, dans le martyre, pour la liberté qui est le droit de l'homme, et pour la foi qui est le droit de Dieu.

Mais, Messieurs, nous ne saisirions qu'imparfaitement l'étroite parenté qui semblait convier au martyre cette nature infatigable au travail et à sa propre grandeur, si nous ne considérions un instant le rôle providentiel qu'elle a joué dans sa vie publique.

Il est une œuvre aujourd'hui à laquelle, depuis près d'un siècle, nous devons tous coopérer en des degrés et par des moyens divers; et il n'est pas un homme qui, par sa position religieuse ou politique, par ses talents ou ses dignités, par ses idées ou ses passions, n'ait eu à la servir ou à la combattre. Elle domine toutes les autres œuvres, et elle est redoutable, autant qu'elle est vaste et complexe, car elle prend l'homme par ce qui le passionne le plus, par son indépendance et sa foi, et elle s'étend à tout, à Dieu et à l'âme, à la révélation et à la science, au respect qui s'incline volontiers et à la liberté qui aime à rester debout, aux peuples impatients qui veulent s'affranchir de tutelle et à l'Eglise qui, tout en étant le principe de tous les affranchissements, ne cesse de rappeler les limites sacrées par delà lesquelles l'émancipation n'est plus que la révolte, et la révolte un état convulsif, présage certain de mort. Cette œuvre, vous l'avez nommée, c'est la réconciliation et l'harmonie pratique entre l'Eglise et les sociétés modernes.

Or, Messieurs, parmi les hommes qui ont appliqué à une telle cause leurs efforts et leurs moyens, soit en écartant les préjugés populaires, soit en déclarant les vérités mal comprises, soit en calmant les passions de la multitude égarée, on rencontre à une place d'honneur le théologien qui plus tard devint évêque, l'évêque qui ne tarda pas à s'asseoir sur le siége de l'Eglise de Paris, l'archevêque enfin qui, mêlé aux conseils des empires, put ajouter ainsi au poids de son autorité privée, le poids plus considérable encore d'une influence politique exceptionnelle.

Monseigneur Georges Darboy se rangea parmi les conciliateurs et demeura toujours fidèle à ce rôle auquel le prédestinaient, du reste, ses études autant que son caractère et sa situation aussi bien que son talent. Il fut de ceux qui, voulant faire la part du bien et du mal dans nos sociétés inquiètes et tourmentées, avaient résolu de sauver le bien à tout prix pour l'allier doucement aux forces immuables de l'Eglise. Tout le ressort d'une intelligence vigoureuse et pratique, toutes les ressources de sa nature ferme et si adroite à dédoubler les questions complexes, tous les procédés d'une politique de modération experte à tenir compte de l'opportunité, tout ce savoir-faire qui prenait si bien la mesure des hommes, des événements et des choses, enfin ce privilège rare d'une dignité qui lui permettait d'avoir action sur l'Etat et sur l'Eglise et de peser tour à tour sur les deux plateaux de la balance : voilà l'ensemble des moyens qui lui furent commis d'en haut et qu'il apporta loyalement au triomphe de ses convictions.

Je ne puis taire, Messieurs, que de telles convictions n'étaient pas universellement acceptées et qu'en face des conciliateurs se rencontraient des esprits plus entiers et moins disposés à la mesure et au changement que semblaient commander la différence des temps et le progrès des âges. Plus préoccupés de l'inflexibilité des principes et peut-être insuffisamment pénétrés de l'exigence des faits, violents à faire prévaloir leurs convictions, ils n'ont pas toujours apprécié les efforts sincères tentés par les conciliateurs, et leur style amer et sauvage n'a pas craint de taxer la modération de pusillanimité, pour ne pas dire de trahison.

Mais, Messieurs, qui donc oserait se dire irréprochable en ce monde? Où est l'homme assez parfait pour jeter la pierre à un autre? Et d'ailleurs, si l'on peut blesser la vérité par un excès de mesure dans la pratique, ne peut-on pas en compromettre aussi le triomphe par un élan hâtif et par ce zèle outré qui n'est point selon la science, mais est un fruit de l'amour de soi bien plus que de l'amour de Dieu? Est-ce donc l'infaillibilité qu'il faut demander aux hommes? Non, certes; mais la sincérité et l'indépendance vraie dans des convictions sincères.

Après tout, il y a dans la vie publique de Monseigneur Darboy des actes éclatants qui montrent

avec quelle précaution il s'efforçait de rester toujours droit et de garder autant que possible en ses démarches la mesure et la correction vraies. Je veux vous en signaler quelques uns, car ils révèlent bien l'homme qui écrivait de lui : « Une seule chose nous
» domine, c'est notre conscience ; et une seule
» chose nous suffit, c'est de faire notre devoir (1). »

Lorsque la question du pouvoir temporel fut soulevée avec bruit par les agissements d'une politique tortueuse et envahissante, et lorsque les évêques réunis autour de Pierre semblaient soutenir de plus près ce siége menacé de plus de périls, n'est-ce pas Monseigneur Darboy qui écrivit au Pape une lettre que le clergé nancéen connait bien, et où se trouve formulée en ces termes vigoureux sa profession de foi sur ce point si chaudement débattu : « Je regarde
» le pouvoir temporel du Saint-Siége comme une
» institution nécessaire, dans l'ordre de choses qui
» subsiste depuis quinze siècles, pour sauvegarder
» l'indépendance du ministère ecclésiastique et rassurer la conscience des fidèles. Si ce n'est pas
» un dogme de foi, c'est du moins une vérité qu'on

---

(1) Lettre pastorale de Monseigneur l'archevêque de Paris, à l'occasion de son arrivée dans son diocèse.

» ne peut nier sans erreur, ni combattre sans
» faute, puisqu'elle est affirmée par le Pape et les
» évêques, juges naturels de la question (1). »

Lorsqu'après les longs débats du Concile sur le grave problème de l'infaillibilité, le décret souverain eut été rendu, que se passa-t-il? Renonçant à cette noble opposition qui avait été dans son droit comme dans son devoir d'évêque, on le vit écrire en son nom et au nom de plusieurs de ses collègues l'acte d'une soumission sans réserve à une décision dont il avait combattu l'opportunité. Voilà de quelle manière on sauve tout à la fois et les principes et l'honneur de ses opinions. Hélas! il faut bien le dire, il y a une chose qu'on connaît à peine aujourd'hui, c'est ce milieu fier et désintéressé entre la soumission absolue qui dégénère en servitude et l'opposition quand même qui devient la révolte. Pour ma part, je le dis avec franchise, j'honore partout et ne puis me défendre d'admirer ces natures sagement indépendantes qui ont le courage des oppositions sincères ; qui ne craignant pas d'avoir une conviction personnelle, osent la défendre vaillamment et savent s'arrêter au moment voulu où l'on

(1) Lettre à Messieurs les ecclésiastiques du diocèse de Nancy.

doit s'incliner devant la force des choses et l'autorité d'en haut.

Georges Darboy était capable de cette conduite ferme, et il y a de lui un mot qui le prouve bien, un mot que je citerai avec d'autant plus de valeur qu'ayant été dit dans l'intimité, il est à coup sûr l'expression authentique de l'âme. Consulté un jour par un magistrat sur une question délicate où la religion et la politique s'enchevêtraient, et pressé de dire comment il agirait lui même dans une telle occurrence, l'archevêque de Paris lui fit cette réponse où se peint au vif l'homme et le prélat : « Pour moi, j'y » mettrai tous les ménagements qui sont dans mon » esprit et dans ma situation ; mais si on me pousse » à bout, je leur montrerai que je suis prêtre (1). »

On retrouve là le caractère souple, ferme et modéré qui se retraçait si bien lui-même lorsqu'il disait qu' « une âme généreuse et vraiment chrétienne reste » douce et conciliante quand rien d'essentiel n'est en » péril, mais devient d'une vigueur et d'une constance » indomptables, *quand les principes sont engagés.* »

Les actes n'ont point démenti de si belles paroles : sa mort le prouve avec une éloquence qu'affai-

---

(1) Voir le *Français*, 6 juin 1871.

blirait tout commentaire ; et c'est ainsi, Messieurs, qu'ouvrier d'élite dans l'œuvre de la réconciliation de l'Eglise et du monde moderne, il y a travaillé sans relâche, lui consacrant ses riches ressources et usant tour à tour de cette fermeté que rien ne déconcertait et de cette prudence inépuisable dans ses expédients.

Mais si l'âme énergique et âpre à la lutte avait dû trouver dans une mort vaillante son triomphe suprême, est-ce que le conciliateur n'y trouverait pas lui aussi sa suprême influence ? Car enfin, quoi qu'on ait dit et quoi qu'on ait fait pour une cause, tant qu'on n'est pas mort pour elle, il reste à dire et à faire davantage. Il y a quelque chose de plus lumineux que la parole dont on la défend, c'est le sang versé pour elle. Il y a quelque chose de plus ardent que les chaudes convictions dont on l'honore, c'est le sang qu'on lui donne. Il y a quelque chose de plus efficace que tous les efforts tentés pour son triomphe, c'est le sang dont on l'arrose. Il y a quelque chose de plus beau, de plus heureux, et dont rien au monde n'égale la puissance, quelque chose qui est notre dernier bien et notre ressource désespérée, c'est d'arriver à mourir pour son drapeau. L'archevêque de Paris l'a fait, il a reçu de

Dieu ce don splendide de souffrir et de mourir pour la religion, la foi et la liberté, et de sceller dans son sang leur harmonie qu'appellent de tous leurs vœux tant d'hommes de cœur.

Mais, Messieurs, je resterais au-dessous de ma tâche et j'enlèverais une auréole à cette mort que j'admire, si je ne réunissais dans ma pensée et dans ma parole tous ces martyrs de l'insurrection, comme Dieu s'est plu à les réunir dans la mort, et si je ne cherchais avec vous, d'un regard attendri, ce que ces morts sublimes vaudront devant Dieu pour l'Eglise et pour la France : pour l'Église qui sur leurs restes a jeté des palmes et répandu des prières, pour la France, humiliée et blessée qu'ils ont tant aimée et qui leur a fait des funérailles de roi.

Puis-je oublier d'ailleurs qu'à côté de l'illustre archevêque, des prêtres et des religieux, il y a des moines ? Puis-je oublier que parmi ces victimes je vois des robes blanches, que je compte des frères, des amis ? Laissez-moi saluer, en passant, ce froc qui m'apparaît comme un éclair dans cette nuit lugubre ; j'en suis heureux et fier et il me semble sentir les tressaillements du moine apôtre qui l'a ramené et popularisé parmi nous. Il le disait blanc comme la vérité, tandis que le voilà désormais empourpré des couleurs du martyre.

Eh bien, Messieurs, dites le-moi, ces victimes innocentes, pourquoi sont-elles tombées? Pourquoi Dieu a-t-il voulu que dans notre âge et dans notre pays le sang honnête fut versé? Pourquoi des martyrs non plus seulement en Chine, ou au Japon, ou chez les Sauvages, mais en France, mais au milieu de nous, mais à Paris, et des martyrs frappés par des mains fratricides et sacriléges? Le fait est trop considérable pour que de hautes raisons ne l'aient pas motivé aux yeux de l'Infini qui donne le salut, l'accroissement et la paix à tout ce que le sang d'un martyr arrose et à tout ce que sa prière a béni.

Je n'hésiterai pas à le dire, Messieurs, il nous fallait deux choses : l'expiation et la régénération, l'expiation, car nous étions effroyablement coupables, la régénération, car nous étions absolument déchus. L'abime de nos désordres appelait l'abime sans fond de notre décadence et les deux abimes nous entrainaient au néant. Or, qui peut expier les fautes d'un peuple, et le plus efficacement régénérer les hommes, sinon le sang des martyrs uni au sang du Christ, seul assez pur pour être agréé comme holocauste expiatoire, et seul assez fécond pour rendre une certaine fertilité à ces terres stériles, devenues des landes désolées où rien ne germe plus.

Je n'essaierai pas d'entreprendre la longue et cruelle énumération des crimes de mon temps et de mon pays. Il faudrait un courage que je ne me sens guère, et d'ailleurs le massacre de cet archevêque et de tous ses compagnons ne fait-il pas mieux que mille paroles, la confession d'une culpabilité à laquelle nul n'échappe et qui a fini par déchaîner sur nous le torrent si longtemps captif des colères vengeresses de Dieu?

J'ai dit une culpabilité à laquelle nul n'échappe. Et qui donc, en effet, pourrait se croire innocent du meurtre de ces immolés? Qui donc, en voyant leurs cadavres mutilés et leurs blessures ouvertes, pourrait demeurer impassible et ne pas se frapper la poitrine? Qui oserait, selon la coutume des anciens, étendre la main sur ces morts et jurer qu'il est étranger au crime qui les a tués? Et moi, je vous le dis, vous êtes, nous sommes tous coupables; tous, nous avons forgé le fer qui les a blessés; tous, nous avons aidé le bras sacrilége qui les a frappés; tous, nous avons apporté notre contingent fatal à cette criminalité terrible qui mettait le monde dans l'alternative d'une expiation solennelle ou de la mort. Car, il y a vraiment dans le monde moral des lois aussi rigoureuses que celles qui régissent la matière; il existe pour nos péchés comme un thermomètre mystérieux, et quand la pression des fautes accumulées atteint un certain degré, il faut à tout prix que le monde expie ou qu'il meure.

Or ce grand crime qui résume tous les autres, qui appelait sur la France un châtiment soudain et formidable comme lui, et qui réclamait une expiation telle que nous la donnent ces otages massacrés en haine du Christ et du droit; ce crime qui pèsera sur le cœur de la France plus lourdement encore que les armées ennemies par lesquelles il fut piétinée, c'est d'avoir tué Dieu.

Oui, il faut le dire bien haut, en face de cet holocauste sanglant, nous sommes des déicides. Vous avez tué Dieu, complices couronnés de toutes les forces ameutées contre lui, qui avez creusé par la corruption, le servilisme et l'immoralité la tombe où les âmes sans Dieu sont venues s'engouffrer; vous l'avez tué, philosophes stupides qui avez éteint dans l'âme humaine la splendide clarté de l'Infini; vous l'avez tué, savants qui avez eu soin d'effacer son nom sur toutes les pages du livre de la nature ; vous l'avez tué, littérateurs frivoles qui parliez au peuple le langage énervant des passions, au lieu de lui interpréter la parole de Dieu ; vous l'avez tué, politiques qui croyez qu'on peut sans lui, avec de l'habileté et des sabres contenir des hommes ; vous l'avez tué, vous qui songiez à garder la justice, tout en chassant Dieu ; vous l'avez tué, pères, qui avez espéré fonder une famille sans lui ; vous l'avez tué, vous, femmes, qu' avez cru à l'amour sans l'Infini, et vous, mères, qui n'avez point gardé inviolable comme un sanctuaire l'âme de vos fils ; vous l'avez tué, jeunes gens, sous le souffle déchaîné de vos passions aveugles et sans frein ; et nous, prêtres, nous, ses citadelles vivantes, pourrons-nous nous croire innocents, si nous n'avons pas su trouver dans notre âme sacerdotale l'héroïsme du dévouement et l'intrépidité qui aurait pu sauver le temple et le Dieu dans le torrent de l'universelle décadence ?

Et voilà que Dieu chassé, Dieu mort, dans la nuit et dans le froid de son absence, le peuple, le peuple des ouvriers et des prolétaires n'ayant plus rien, puisque Dieu lui avait été ôté, se sentant vide et affamé, vide à la fois des biens de la terre et de ceux de l'éternité, affamé des uns et affamé des autres, s'est levé furieux, bondissant, irrésistible. Alors devenu bête fauve, en proie à l'entraînement de ses instincts et à la rage des revendications, ne pouvant vaincre et voulant régner, il a détruit, il a pillé, il a incendié ; et saisissant dans ses représentants, ses prêtres, ses magistrats, ses soldats armés, cette société vieillie qui avait expulsé Dieu et qu'il ne pouvait écraser tout entière, ne croyant plus ni à Dieu, ni à l'honneur, ni à la justice, il les a fusillés... et ils sont morts, et les voilà !....

Dormez, morts héroïques,... non! veillez plutôt, et vivez dans le Dieu qui vous ouvre son éternité, dans le Dieu que la France avait chassé, que le peuple, en une heure d'égarement, a voulu fusiller et détruire, mais que votre sang ressuscitera pour le peuple et pour la France. Parlez-lui pour nous, dites-lui par vos plaies et dans le langage irrésistible de ceux qui ont été torturés pour la justice : O Dieu, qui avez posé votre main sur le front indompté d'un de nos premiers rois barbares, et qui avez adopté en Clovis la nation franque, posez-la encore sur le front plus sauvage de ce peuple qui nous a tués, et qu'il devienne en vous une nation régénérée, vivante et chrétienne.

Il faut en effet, Messieurs, que la race déchue

qui agonisait hier dans la décrépitude et dans le sang, se transforme et se relève. La nécessité d'une régénération morale ressort pressante, absolue de toutes nos ruines et de nos lamentables misères. Que d'autels brisés à reconstruire, que d'âmes corrompues, défaillantes, courbées, à redresser, à purifier, à corroborer ! Que de principes méconnus à venger ! Que de lois vitales foulées aux pieds à remettre en honneur ! Et pour cela que d'énergie, que de travail, que de persévérance, quel déploiement de toutes les forces vives de ceux qui se refusant à la déchéance, aiment mieux n'être pas du tout et mourir, qu'être déchus ou n'être qu'à demi ! Or, Messieurs, parmi les ressources qui nous permettront de travailler à cette rénovation, je me plais à compter comme l'une des plus efficaces nos grandes, nos chères victimes. Il semble d'ailleurs que Dieu ait voulu nous en donner un signe éclatant ; car du jour où le massacre des otages a comblé la mesure des crimes et consommé l'expiation, le poids des vengeances de Dieu a paru s'être allégé, nous n'avons plus eu à enregistrer de nouvelles hontes ni à pleurer de nouveaux désastres, et le front humilié de la patrie s'est redressé vers Dieu?

On dirait qu'à cette heure le mouvement de notre régénération ait tout d'un coup commencé et qu'il ait reçu le branle de ces âmes vaillantes qui marqueront ainsi la fin de notre décadence et le point de redressement de notre âge, de notre Eglise et de notre patrie. Je ne m'en étonne pas. Certes, s'il est une puissance au monde, c'est bien celle de l'exemple, du dévouement et de la prière des martyrs. Or, cet archevêque, ces prêtres, ces religieux, ces soldats désarmés sont morts en nous léguant l'exemple, le dévouement et leur triomphante prière. L'exemple est sublime : on ne peut rien faire de plus grand que de mourir pour une cause juste, et lorsqu'une cause est capable de susciter à son service des défenseurs qui savent mourir pour elle, soyez sûrs qu'elle n'est pas loin de vaincre. Et pour qui sont-ils morts ces martyrs ? Ils l'ont dit eux-mêmes simplement et fortement avec l'intelligence des lois sévères qui mettent l'expiation et la régénération au prix du sang versé.

Durant l'une des conversations qui adoucirent les derniers instants de leur captivité, et dans lesquelles leurs âmes s'épanchaient volontiers, comme il arrive à ceux qui souffrent ensemble, l'un d'eux, le meilleur des hommes, ainsi qu'on l'a appelé, le généreux abbé Deguerry, disait à un de ses compagnons avec

ce ton vif et familier qui lui était propre : « Voyez,
» mon ami, la France a besoin d'expiation, et il n'y
» a pas d'expiation qui vaille sans effusion de sang. »
Ni les uns ni les autres ne se faisaient donc illusion et tous se donnaient comme des immolés.

Mais ne croyez point, Messieurs, comme on le répète souvent, que toutes les causes ont également leurs martyrs. Fût-il vrai qu'en fait l'homme meurt pour des causes humaines aussi volontiers que pour Dieu, il resterait encore une infranchissable barrière entre les martyrs humains et les martyrs de Dieu : les uns meurent violemment, la rage au cœur, le blasphème sur les lèvres, le regard féroce et les membres crispés, ils ont peine à rester des hommes et tout au plus peuvent-ils atteindre à l'apathie du stoïcisme; les autres donnent leur vie, calmes, maîtres d'eux-mêmes, l'œil tourné vers le ciel, les mains et les lèvres ouvertes pour bénir : on sent le Christ en eux. Les uns haïssent, les autres aiment; les uns anathématisent leurs bourreaux; les autres, fils de Celui qui a tout pardonné, pardonnent et bénissent; ils prient, ils adorent. Voilà pourquoi le sang des premiers est stérile, tandis que le sang des autres est d'une fécondité inépuisable. Que voulez-vous qu'il sorte d'un blasphème, d'une haine, d'un anathème et de l'indifférence glacée, sinon la mort? Mais au contraire, la vie germe par elle-même d'une prière, d'un mouvement d'amour et d'une bénédiction.

Aussi, moi qui vous parle, qui interprète à vos cœurs émus le funèbre et doux enseignement de ces victimes offertes en holocauste, je n'anathématiserai pas et je ne récriminerai pas; mais fidèle à l'inspiration qu'ils me communiquent, je bénirai avec eux tout ce qu'ils ont béni. Oui, je bénis au nom de ces martyrs l'Eglise pour laquelle ils ont laissé prendre leur vie. Je bénis la France humiliée mais non réprouvée, courbée mais non pas abattue, torturée mais non pas anéantie, coupable mais repentante et prête à se retourner vers Dieu. Je bénis ce Paris incendié dont les flammes laissent voir la Justice éternelle qui venge les crimes et l'éternel Amour qui épargne et pardonne. Je bénis tous les innocents frappés dans cette lutte fratricide. Je bénis tous les morts. Je bénis les coupables eux-mêmes comme l'archevêque Georges Darboy et sa valeureuse phalange les ont bénis... Et si j'aime le soldat qui frappe et qui venge, j'aime encore mieux le martyr qui intercède; et si j'aime la justice, j'aime encore mieux le pardon. Eux d'ailleurs, les vaillants! ont préféré l'amour, et c'est par l'amour qu'ils aideront surtout au salut de la France régénérée.

Désormais, devant la France et devant Dieu, leur nom est immortel et leur gloire impérissable. Aussi, Messieurs, lorsque dans cet avenir inconnu, mais qu'il faut croire prochain, où aiment à se réfugier nos espérances et auquel nous redemandons tant de gloires perdues et tant de revendications nécessaires, on fera l'histoire de ces tristes jours; quand, à l'aide de Dieu et à la force du poignet, la France aura reconquis l'intégrité de son territoire et retrouvé la plénitude de son génie; quand elle aura relevé son drapeau avec son épée, l'âme de ses fils en même temps que leurs bras; quand nous serons redevenus dignes de notre grand passé, de nos aïeux, de nos rois, de nos capitaines; quand à la voix du Seigneur, Lazare endormi aura brisé ses bandelettes et le couvercle de son tombeau; quand on comptera les étapes de cette résurrection d'un grand peuple, on apercevra au point de départ de cette ascension sublime, les corps mutilés de ces martyrs, ces prêtres, ces moines et au milieu d'eux, debout, intrépide, l'archevêque Georges Darboy qui a eu l'insigne honneur et la magnifique fortune de mourir, la main étendue, pour bénir et pour pardon-

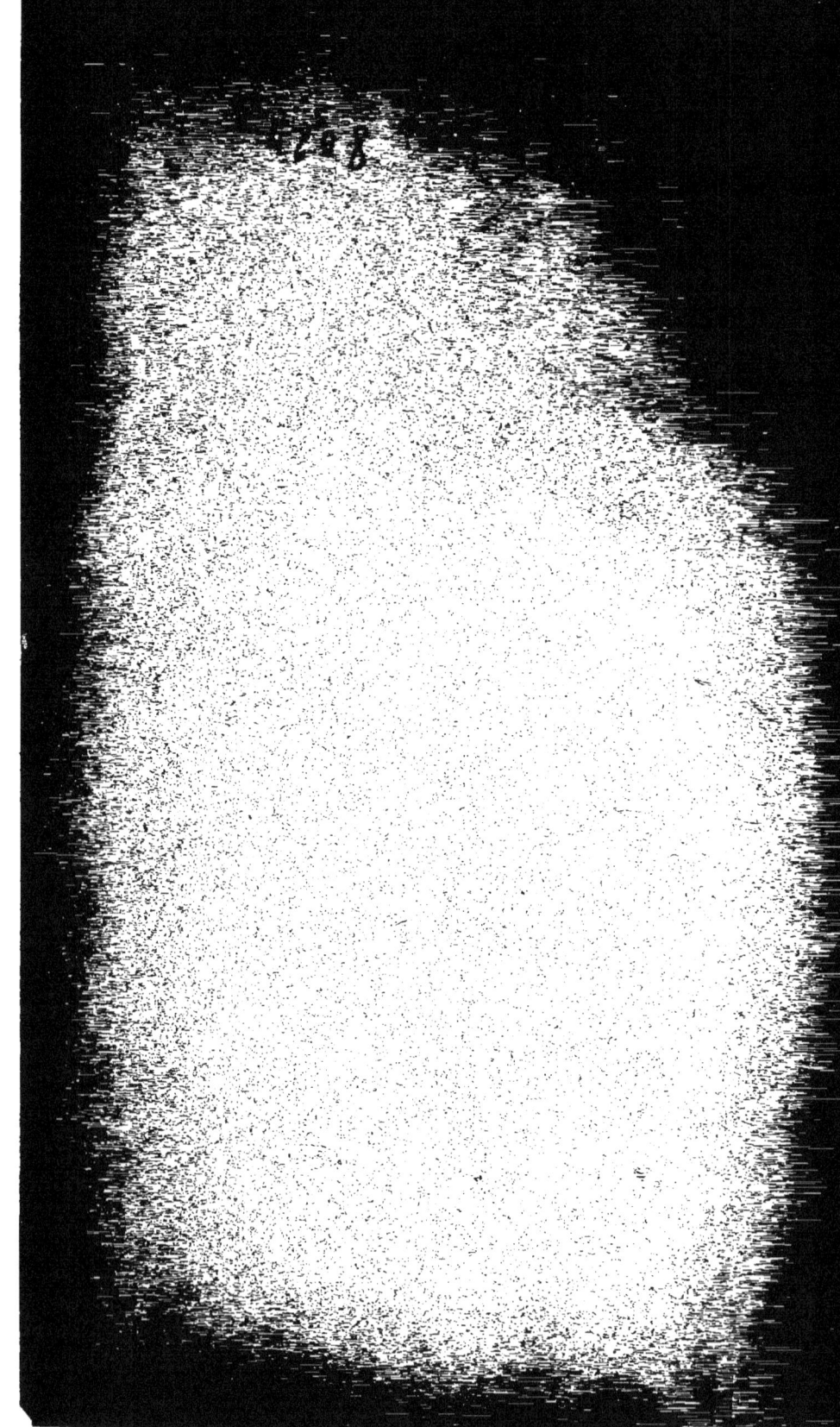

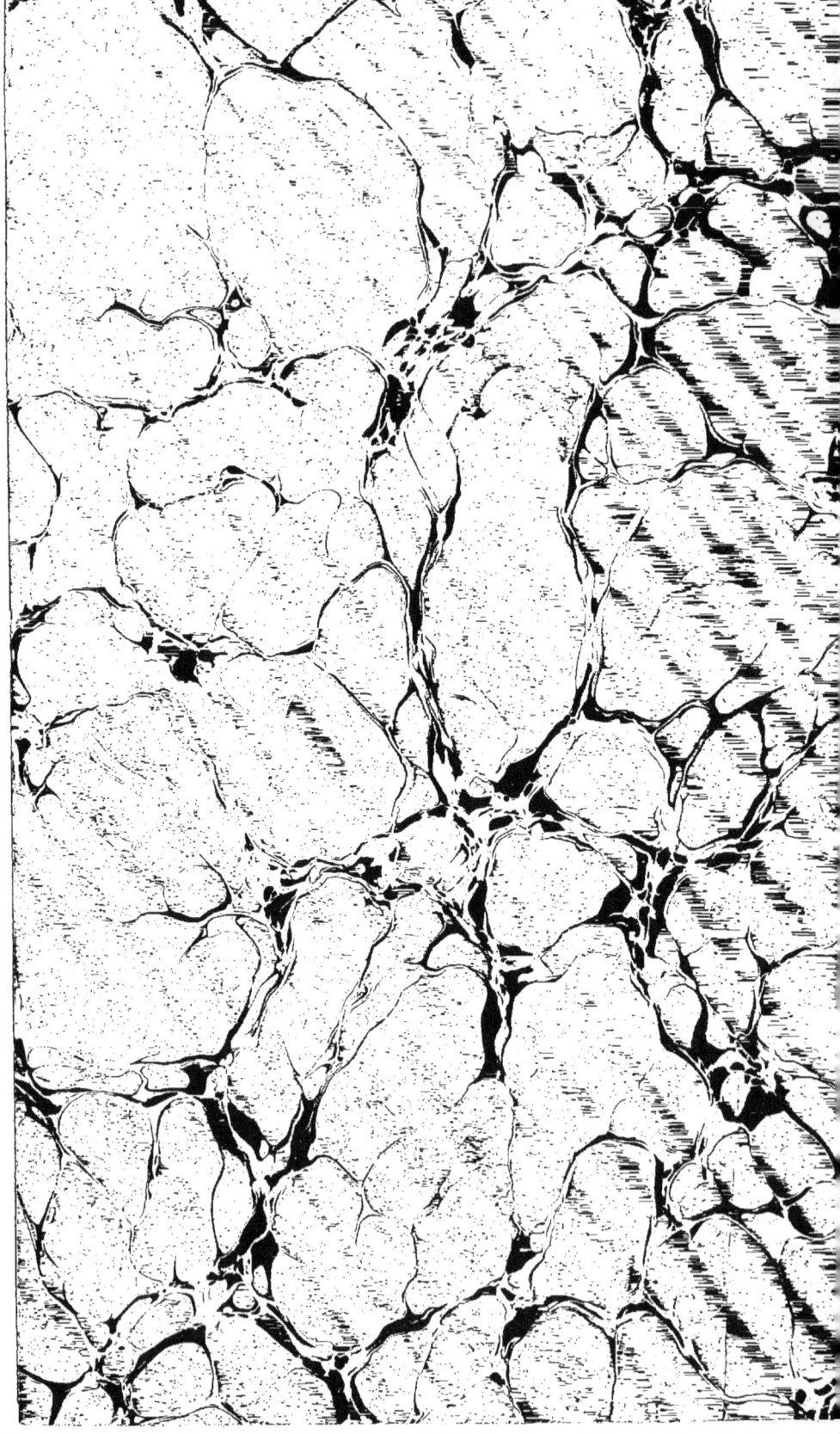

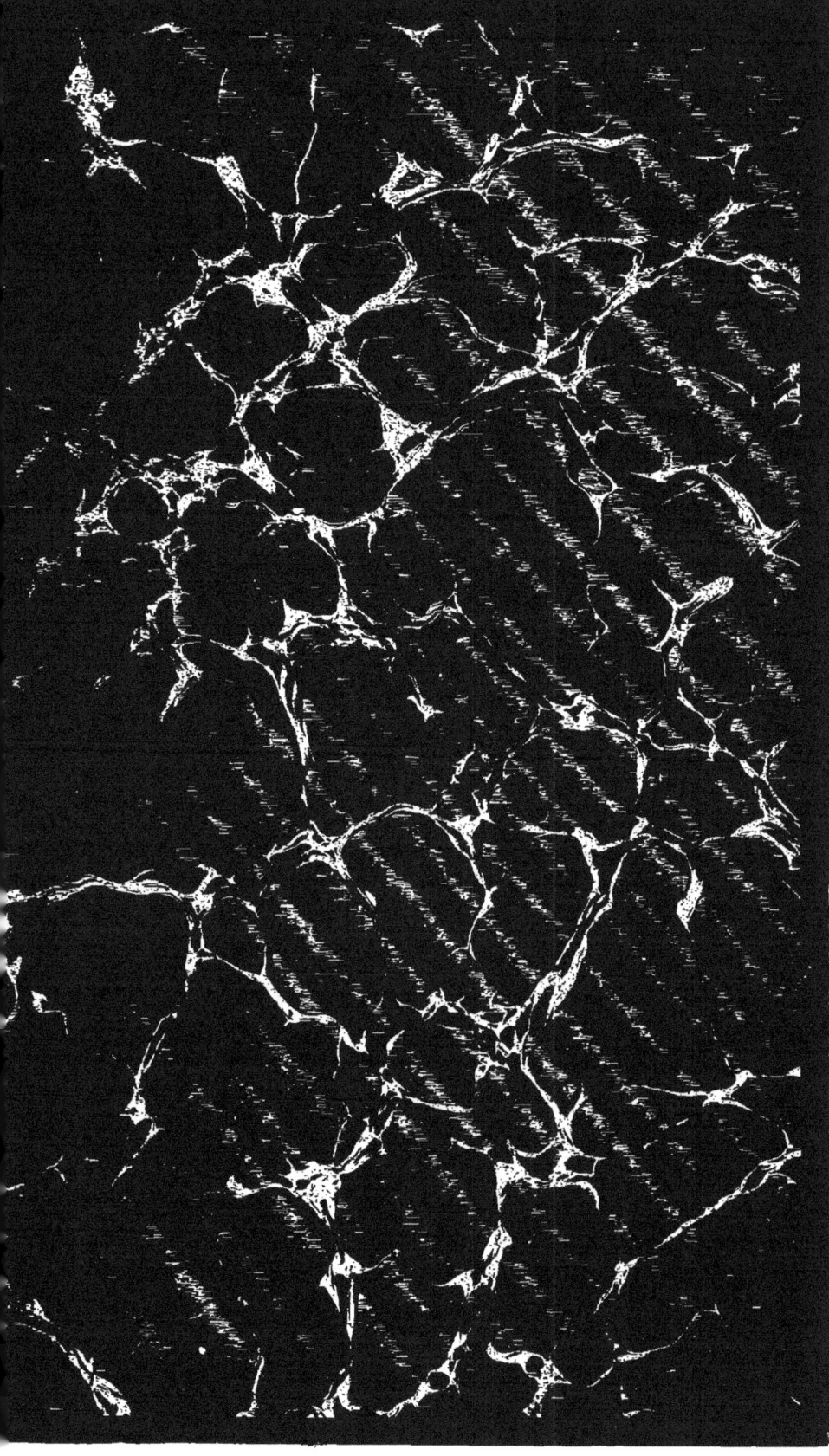

www.ingramcontent.com/pod-product-compliance
Lightning Source LLC
Chambersburg PA
CBHW060941050426
42453CB00009B/1108